Andrea Bocelli

Arie Sacre

arie e canti religiosi

Carisch

Abiti di Giorgio Armani

Andrea Bocelli's management: Michele Torpedine

Contatti: Cristina Gelsi
Bologna, Italia

Andrea Bocelli official website:
www.andrea.bocelli.it
E-mail: andrea@bocelli.it

Foto di copertina e interne di Guido Harari

Disco Sugar distribuzione Universal
CD 464 444-2 - MC 464 444-4

Steven's Mercurio arrangements are published by arrangement with
Subito Music Corporation, publisher and copyright owner.
Orchestral material for each arrangement is available from the publisher.

3ª RISTAMPA

our catalogue
on line
www.carisch.com

Arie Sacre

Tutti i più celebri cantanti del nostro secolo, da Caruso fino al maestro Pavarotti, hanno inciso dischi di arie sacre, per onorare questo stile, questo genere che non dev'essere dimenticato. Queste arie sacre sono state composte per esaltare la grandezza di Dio e celebrare la sua gloria.

Sono immagine e testimonianza dello slancio con cui il compositore avvicina la propria anima a Dio e rappresentano i momenti più elevati e ispirati della musica. Ecco perché, alle soglie del nuovo millennio, ho voluto cantare alcune delle arie più pure e toccanti mai composte - arie che conosco da quand'ero bambino.

Quando mi sono appassionato all'opera, in mezzo ai dischi di brani operistici che venivano regalati da amici e parenti, c'erano anche dei dischi di brani come questi. Mi ricordo un album di arie sacre di Corelli - qualche volta ascoltando quel disco mi venivano le lacrime agli occhi. Inoltre ho moltissimi ricordi di Natale, di quando ero bambino e andavo in chiesa e già all'epoca cantavo arie e canti religiosi. Il Natale è per me - e credo per tutti - la festa più bella dei bambini. E' anche un momento di riflessione, uno tra i più importanti, per i cristiani. Ed è anche per tutti quanti l'occasione migliore e più sentita per ritrovarsi con tutta la famiglia. Ecco perché ho voluto cantare qui due dei canti di Natale che mi sono più cari.

Mai, però, avrei pensato che un giorno avrei realizzato il sogno di registrarli con la mia voce, quindi di poterli risentire, di lasciarli per i miei figli. Questo è un album che ho fortemente desiderato e voluto. E voglio ringraziare sentitamente il maestro Chung per la partecipazione, la volontà, l'affetto con cui mi ha affiancato.

Andrea Bocelli

Arie Sacre
arie e canti religiosi

ADESTE FIDELES

for Solo Voice & SATB Chorus
Traditional
arranged and orchestrated by Steven Mercurio

Na - tum vi - de - te, re - gem an - ge - lo - rum, ve -

- ni - te a - do - re - mus. Ve - ni - te a - do - re - mus, ve -

S
A
T
B
Solo

Ve -
Ve -
Ve -

- ni - te a - do - re - mus Do - mi - num.

ca - ti pa - sto - res ad __ pro - pe - rant.

Et nos o - van - ti, Gra - du fe - sti - ne - mus.
Et nos o - van - ti, Gra - du fe - sti - ne - mus.
Et nos o - van - ti, Gra - du fe - sti - ne - mus.
Et nos o - van - ti, Gra - du fe - sti - ne - mus. Ve -

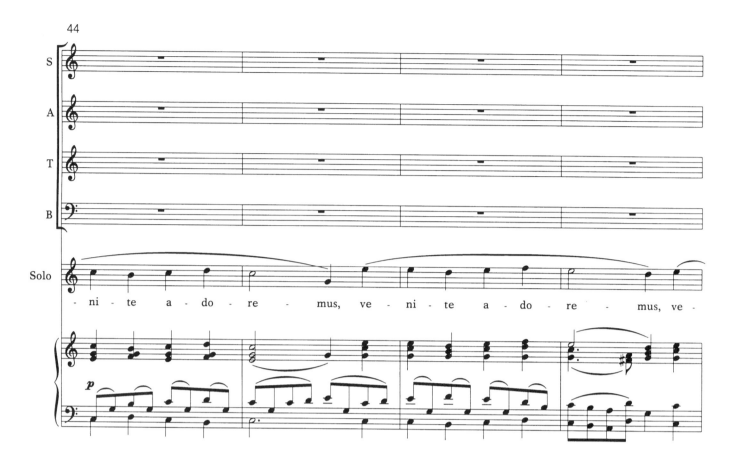

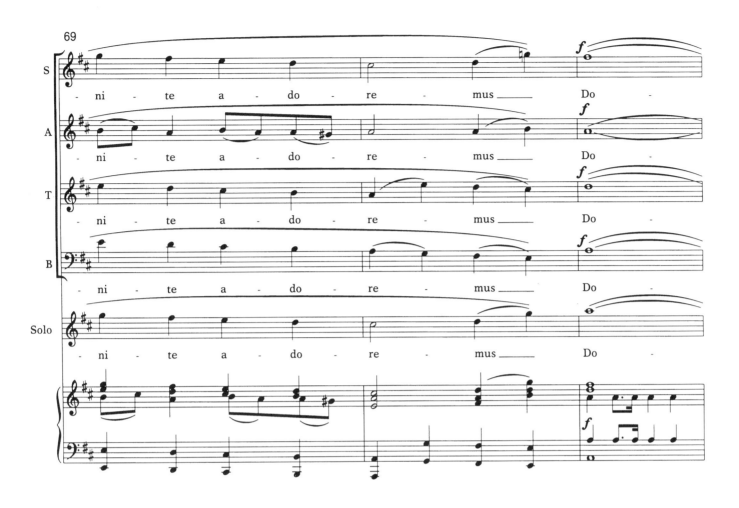

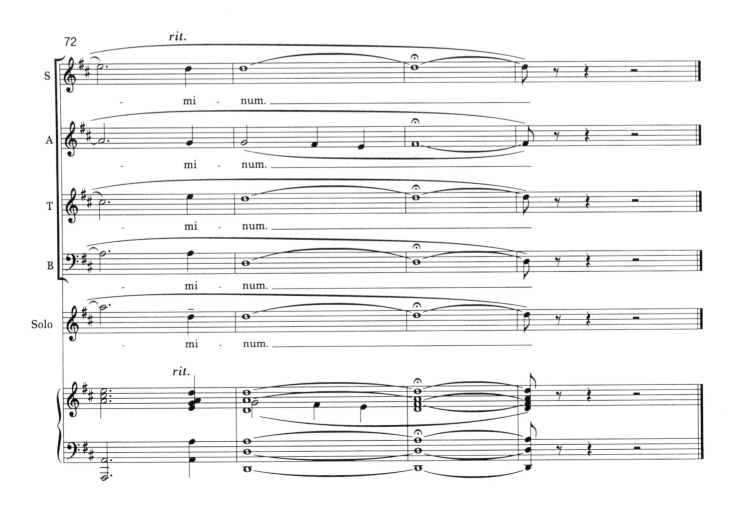

AVE MARIA

Johann Sebastian Bach
Charles Gounod

Moderato

AVE MARIA

Franz Schubert

AVE VERUM CORPUS

Wolfgang Amadeus Mozart

AVE MARIA

Caccini / Mercurio
based on Giulio Caccini - arranged and orchestrated by Steven Mercurio

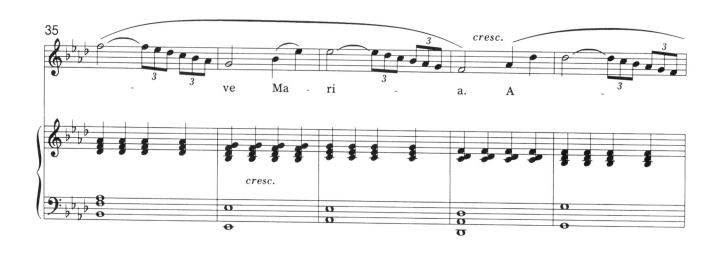

ve Ma - ri - a. A

poco rit. a tempo, ma più sostenuto

- ve, A - ve! _____

Tempo I

A - ve _____ Ma - ri - a,

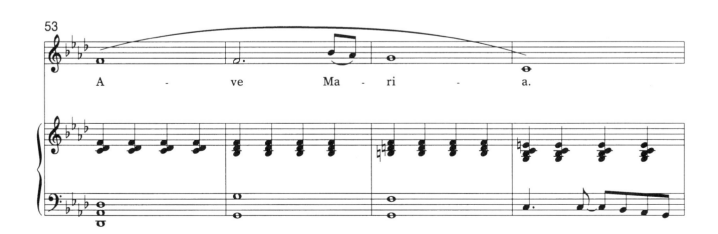

A - ve Ma - ri - a.

A — — ve

Ma - ri - a!

espress.

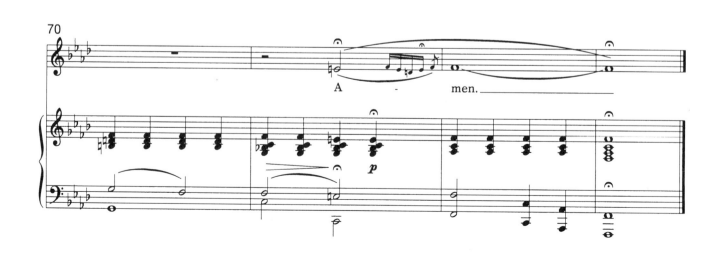

A - men.

CUJUS ANIMAM

from: "Stabat Mater"

Gioachino Rossini

DOMINE DEUS

from: "Petite Messe solennelle"

Gioachino Rossini

Allegro giusto

Do - mi - - - ne___ De - - us Rex___ cœ -

DER ENGEL

from: "Wesendonck-Lieder"

Richard Wagner

- gen schma - chtet vor der Welt ver - hor - gen daß, wo still es will ver - blu -

- ten, und ver - geh'n in Trä - nen - flu - ten, daß, wo brün - - - - stig sein Ge -

poco ritenuto   *a tempo*

- bet ein - zig um Er - lö - - - - sung fleht, da der En - gel nie - - -

- - - - - der schwebt, und es sanft vom Him - mel hebt.

Ja, es stieg auch mir sin En - - - - - - gel nie - der, und auf

leuch - - - ten - dem Ge - fin - - - der führt er, fer - - - ne je dein

Schmerz, mei - nen Geist nun him - - - - mel - wärte!

FRONDI TENERE...OMBRA MAI FU

from: "Serse"

George Friedrich Händel

Recitativo

Fron - di te - ne - re e bel - le del mio pla - ta - no a - ma - to, per

voi ri-splen-de il fa - to; tuo - ni, lam-pi, e pro - cel - le non v'ol-trag-gi no

mai la ca - ra pa - ce, nè giun-ga a pro-fa-nar-vi au - stro ra-pa-ce!

Larghetto

INGEMISCO

from: "Requiem"

Giuseppe Verdi

50

MILLE CHERUBINI IN CORO

Franz Schubert
arranged and orchestrated by Steven Mercurio

u - na man ti gui-da lie - ve fra le nu-vo-le d'or, so - gnan-do e ve-glian - do per

per te mio te-sor, pro-teg-

per te mio te-sor, pro-teg -

te, mio te-sor, pro-teg-gen-do il_ tuo cam-min. ____

poco rit.   a tempo

-gen-do il_ tuo cam-min.

Dor - mi, dor - mi, so-gna pic-co-lo a-mor mi - o.

po - sa il ca-po sul mio cor. Chiu - di gli oc - chi, Ah.

Chiu - di gli oc - chi, as - col-ta gli an-gio - let - ti,

Dor

Dor - mi, dor - mi, so - gna pic-co-lo a - mor.

- mi, so - gna pic - co - lo a - mor.

so - gna pic - co - lo a - mor.

PANIS ANGELICUS

César-Auguste Franck

PIETÀ, SIGNORE

Louis Abraham Niedermeyer

Si - gnor, pie - tà! Se a te giun - ge il

mi - o pre - gar non mi pu - ni - sca il tu - o ri -

- gor: me - no se - ve - ri, cle - men - ti o - gno - ra

vol - gi i tuoi sguar - di so - pra di me, so - pra di

SANCTA MARIA

Pietro Mascagni
arranged and orchestrated by Steven Mercurio

SILENT NIGHT

for Tenor Solo, Children's Chorus & Piano
Franz Gruber
arranged and orchestrated by Steven Mercurio

Si - lent night, ho - ly night! All is calm, all is bright.
As - tro del ciel, par - gol di - vin! Mi - te ag-nel - lo re - den-tor.

Round yon vir - gin moth - er and child! Ho - ly in-fant so ten - der and mild,
Tu che i va - ti da lun - gi so - gnar! Tu che an-ge - li-che vo - ci nun - ziar,

CHORUS:

deem - ing grace, Je - sus, Lord, at Thy birth, ____ Je - sus, Lord, at Thy
lo - cki-gen haar, Schlaf in himm-lisch-er Ruh', ____ Schlaf __ in himm-lisch-er

birth.
ruh'!

oo _____ ah _____
uh _____ ah _____

Sleep in heav-en-ly peace, _____ Sleep __ in heav-en-ly
lu - ce do-na al-le men - ti, Pa - ce in-fon - di nei

peace.
cuor.

INGRAF s.r.l. - Via Monte S. Genesio 7 - Milano
Stampato in Italia - Printed in Italy - Imprimé en Italie 2000